AF499025

vientos

Nguyen Chi Trung

Título: VIENTOS
Autor: NGUYEN CHI TRUNG

Editorial: WANCEULEN EDITORIAL
Sello Editorial: WANCEULEN POÉTICA

ISBN Papel: 978-84-18831-03-4

DEPÓSITO LEGAL: SE 859-2021

Impreso en España. 2021

WANCEULEN S.L. C/ Cristo del Desamparo y Abandono, 56 - 41006 Sevilla
Webs: www.wanceuleneditorial.com y www.wanceulen.com
Email: info@wanceuleneditorial.com

...aprendemos el olvido –
el olvido de los días y del espacio,
el olvido de nosotros mismos

Sobre el poema "Vientos" de Chi Trung:

Silke Joyce

El presente poema VIENTOS fue presentado por el poeta germano-vietnamita Chi Trung desde 2004 en varios festivales internacionales de poesía en sus lecturas públicas. El poema fue escrito originalmente en alemán y traducido a varios idiomas. Esta es la publicación de la traducción autorizada al español.

1.

A continuación, intentaremos acercarnos al poema "Vientos". El hecho de que es sólo un intento de acercamiento se hará evidente en el curso de nuestra ocupación con la obra. Sí, es una obra que vale la pena leer. Una lectura más atenta de los primeros versos confirma la impresión obtenida al hojearlos de que se trata de un volumen de poesía *diferente* a los contemporáneos, entre las nuevas publicaciones que se pueden obtener en la sección "Poesía" en casi todas las librerías del mundo. Se menciona aquí sólo de forma breve y concisa: no es del mismo tipo que la mayoría de las colecciones de poesía escritas y que siguen escribiéndose después de la Segunda Guerra Mundial, o a más tardar después de la muerte de D. Thomas, W.H. Auden o J. Brodsky, por nombrar algunos nombres. La esencial diferencia fundamental es objeto de otro examen, se indica aquí simplemente para ilustrar la diferencia.

El poema es una composición de 48 estrofas. Leyéndolo estrofa por estrofa, uno obtiene lentamente la impresión de que se trata de una selva o un desierto, que se expande siempre ilimitadamente y que hace que el lector sienta que es imposible un acercamiento. Además, al leer y sentir empatía a través de los versos, el lector tiene la idea de estar buceando en el océano más profundo, donde experimenta muchos paisajes extraños, bellezas raramente vistas, pero también restos estremecedores de la civilización humana.

Se trata de una obra densa, en cuyos numerosos caminos el lector va sintiendo poco a poco lo que dice el poema al principio, y al final concluye su impresión de que se trata de poetizar. La experiencia de tal poema requiere un examen fundamental de la obra, probablemente requiere un libro entero, lo cual no es la intención aquí. En nuestra corta introducción, sólo podemos intentar entrever unos matices a través de lo que dice el poema.

2.

Como el poema se titula "Vientos", mucha gente, incluyendo poetas y eruditos literarios, ya han creído firmemente que se trata de poesía de o sobre la naturaleza. Esto inevitablemente lleva a la pregunta: ¿Qué es la naturaleza hoy en día? ¿Qué entiende la gente hoy en día por la palabra, incluso la idea, de "naturaleza"? ¿Qué tiene en común la escena de la Tierra hoy en día con la naturaleza tal como se entendía, por ejemplo, en el Taoísmo hace más de dos mil años? ¿Qué efecto tiene el **Dominium terrae** del Antiguo Testamento, es decir, el mandamiento de Dios al hombre (Génesis 1:28: " ¡Sed fecundos y multiplicaos, llenad la tierra y *sometedla*, y señoread en los peces del mar, en las aves de los cielos y en toda bestia que se arrastra sobre la tierra!") sobre de la naturaleza desde entonces? O más cerca de nuestra historia la fatídica afirmación de las tesis de Karl Marx sobre Feuerbach: "Los filósofos sólo han interpretado el mundo de manera diferente; lo que importa es *cambiarlo*". Ahora afirmamos sobriamente: sí, hemos cambiado el mundo fundamentalmente, al menos desde la Revolución Industrial 1.0. ¡Pero lo que ahora importa es la rescisión!

"Vientos" no es un poema sobre la naturaleza. No es ni una canción "oh qué bella es la naturaleza" ni un llanto por la "Madre Tierra".

El título "Vientos" sólo brinda una vaga impresión, filosóficamente tal vez de ***Ātman*** en Upanishad (*"Vientos, sois un largo aliento manteniendo vivo lo que vive"* - estrofa 43), de ***Anattā*** del budismo, astrofísicamente del gas y el polvo cósmicos y la tormenta y el origen bioquímico de la vida en la Tierra.

3.

No es un poema sobre la naturaleza, ni tampoco un poema común, que normalmente trata de la experiencia privada, sin embargo, habla de manera contemplativa de la vida, y lo hace desde hoy, recordando su comienzo, pensando visionariamente en su final. Es decir, de lo que está sucediendo con vitalidad en la Tierra en este momento de tiempo infinito, en el siglo actual. De la fatídica vida de la humanidad en la Tierra.

Leemos estrofa por estrofa y lentamente vemos que aquí en "VIENTOS" el pensamiento está estrechamente relacionado con poetizar, y que estos dos elementos forman esencialmente la poesía que poetiza sobre el propio poeta.

En la estrofa 4 tenemos el tema del amor. El amor entre los amantes, el pastor del búfalo de agua y la costurera del cielo despedazado, separados en cada caso entre el cielo y la tierra. Entre una vida original en la tierra y un cielo desgarrado, que siempre se han estado esperando, a lo largo de los tiempos, en el puente de piedra que innumerables grullas han construido piedra por piedra, año por año. Una hermosa imagen del amor eterno, mucho más allá del tiempo de una vida humana, más allá de todos los tiempos como debería ser. El lector raramente encuentra tales versos de amor en la poesía contemporánea, independientemente a la corriente que pertenezca.

Uno podría pensar que esto es romántico, con el trasfondo de que el tiempo ahora es postmoderno, lo romántico ya ha pasado hace tiempo, etc.... No obstante, tal declaración no conduce a nada si se siguen leyendo los las estrofas. A más tardar en ese momento uno reconocerá que no se trata de un poema romántico ni hermético, ni de un poema `¡ah!´, ya ni de un poema narrativo ni de ninguna otra cosa (bajo poema ah, ya se entienden aquí todos los poemas de los poetas modernos, que generan una experiencia de ah, ya al lector, que quiere y tiene que entender el poema de inmediato, como si acabara de engullir una comida rápida).

Se trata del amor como un elemento existencialmente fundamental de la condición humana.

4.

La estrofa 7 nos genera la imagen del desamparo de la gente de hoy en día, la situación en la tierra. La gente está huyendo, se alejan unos de otros y se pierden, (aparentemente) sin fundamento, sin tocar el fondo, al convertirse, al final y al cabo en desarraigados, como los vientos que pasan con un soplido. No sabemos adónde, ni dónde. Este es también un elemento de la condición humana de la que trata el poema. Y aún en este estado tan desesperado, no son capaces de darse nada el uno al otro. La entrega - la empatía, lo interpersonal, a través de la cual los humanos nos convertimos recién en seres humanos (pero también la matanza de unos a otros) - se ha vuelto en demasiado, porque la lucha por la supervivencia en la superpoblada tierra ya no alcanza para eso. O el dar, el pequeño y el grande, ya no significa nada, porque el corazón se ha vuelto frío (es un estigma quedar denominado por romántico), a más tardar cuando la vida posmoderna del siglo XXI está en gran medida digitalizada, al comienzo de la era de la Inteligencia Artificial, y hace tiempo que uno debería que avergonzarse por sentir, incluso de mostrarlo abiertamente o en versos.

En este estado, su palabra, la palabra del poeta a través del enunciado de los versos, una vez enviada a los seres humanos, no puede alcanzar su corazón y su cerebro. La ignoran, no se dejan conmover por ella. Su palabra no los perturba. El poeta experimenta su No, que al mismo tiempo es el nihil absoluto de nuestro tiempo. En esta triple negación yace una profunda decepción, la amargura y finalmente la desesperación final. La tragedia presentada en el poema toma forma lentamente (estrofa 10). En la arena y el polvo arremolinados, envueltos en el aparejo desgarrado de nuestro naufragio, en el dolor aplastante, quiere conceder al menos a uno de nosotros " *la mano confiando en la absoluta admisión de la palabra, ocurre (ya tan solo) en la imaginación* ...". Y no es sólo la tristeza la que lo lleva, ya que lo ha colmado, sino que él mismo carga la nuestra (estrofa 12). No somos capaces de soportar la tristeza.

Recordamos el verso en "En azul adorable" de Hölderlin: *"Lleno de mérito, mas poetizando, el hombre habita en esta tierra"*. Lo escribió al principio de la Revolución Industrial 1.0. Este verso puede ahora ilustrar la tragedia de la existencia humana en la fase actual de la Revolución 4.0. Ya no vivimos poetizando en la tierra *sometida*. Ya no somos "*una conversación*" y ya no nos "*escuchamos el uno al otro*" (la "*Celebración de la paz*" de Hölderlin). ¿Es porque ya no tenemos la capacidad de escucharnos unos a otros - demostrado, por ejemplo, por la ignorancia de la advertencia de una extinción - una tragedia que obviamente nadie ve y/o siente. ¿O es la tragedia de que el desarrollo de la mente humana ha traído inevitablemente el estado que los humanos tenemos ahora en la tierra y lo está pujando más „adelante" en una inevitable convergencia hacia el nihil? Ese es el destino de los seres humanos.

Al parecer, los versos de Hölderlin explican el poema en cuestión "VIENTOS" de una manera especial. Sin más, podemos aseverar que el poeta ha continuado aquí con la tradición, al menos la forma de pensar y poetizar según Hölderlin. Esto resulta curioso, pues el autor, escribe su extenso trabajo en su lengua materna, en este caso poetiza especialmente en alemán, continuando irónicamente la tradición alemana en el siglo XXI, en este tiempo final, en el que nadie parece poetizar de forma comparable, al menos en Alemania, no obstante, del completo anacronismo.

"*Somos muchos, pero no tenemos mucho*". ¿Cómo se entiende lo que se dice aquí? Sí, los humanos nos hemos aumentado mucho en la Tierra por el crecimiento de la población. Y será más. Esto es un hecho claro. Pero "no tenemos mucho": tenemos muchas, muchísimas cosas, cosas, eventos, desarrollos, perspicacias... a nuestro alrededor y con nosotros. Sin embargo, no tenemos dioses religiosos, ni valores, ni espíritu, ni ingenio, ni vida del alma, ni amor... porque todas estas "cosas" ya han sido reemplazadas por otras innovaciones. Y todas estas innovaciones provienen del banal material técnico, lo opuesto a los anteriores valores esenciales humanos, "*de lo poco que resta, escaso como los pastos otoñales sobre el fondo barroso, donde yace enterrada la transformación, del polvo en polvo*". Esta es la transformación que subyace en el proceso de desarrollo y que impulsa nuestra historia inexorablemente (estrofa 19).

Poco a poco el lector observa aquí que, aunque cada estrofa "discuta un tema" básicamente, hay un hilo que recorre las estrofas desde el principio hasta el final del poema, enlazando algunas de ellas entre sí. La eterna existencia del amor (estrofa 4) se aborda generando la nueva pregunta planteada *"¿Es poético el ser un ser humano?"* y la palabra poética se reencuentran en la estrofa 35, en el que se proclama la declaración omnímoda: "Todos somos el recipiente de la transitoriedad. La palabra se deja atrás". La última estrofa ha cambiado su puesto en secuencia para dejar claro que el amor y el ser un ser humano son existenciales, pero que ambos dependen mutuamente el uno del otro y que mientras tanto el ser un ser humano es poetizado, pero ambos son también sólo elementos efímeros de la transitoriedad. La palabra es el único legado del hombre. Porque hay que dudar, también en el sentido religioso, si "en el principio era la palabra".

El poeta escribe en la estrofa 39: " *Y la ausencia de la Sustentadora de la Tierra, a ella le sigue la del poema*". ¿Qué significa eso? En relación con la estrofa 35, se puede llegar a la conclusión de que ser un ser humano en la tierra *era* poético, pero ahora ya no lo *es*. Y después de la explicación sobre la naturaleza (punto 2), se hace evidente aquí lo que esto significa, la ausencia de la Sustentadora de la Tierra. Cuando esta santa patrona, de todas maneras, es una santa patrona en un sentido no religioso, ya no existe, ya no puede existir lo poetizado. Lo que sigue circulando allí, llamado lírica, ya no será poetizado. Esta es una declaración esencial, una palabra poetizada, que debe ser considerada con mayor persistencia y más profundidad. Esto afecta a la cuestión de la poesía.

La poesía lírica, esta no-poesía, corresponde más o menos a la naturaleza privada del escritor, es más o menos sensible, trata sobre todo de su estado de ánimo; son sonidos incoherentes e irrelevantes de una pieza musical agotada que se desvanece en la noche.

5.

Los lectores sensibles sentirán paulatinamente la melancolía que destella desde el principio, verso tras verso se hace cada vez más visible y tangible a través de las imágenes, el lenguaje, los versos como " *pronto el recuerdo será de la despedida* ", " *el talón de antaño progresó en el exterior hace tiempos remotos...*" hasta " *Como un coco seco sobre la calcinada playa está simplemente la existencia*", " ... *unos minutos y ya anuncian la despedida*". La melancolía se vuelve cada vez más sofocante y culmina en el verso " *Y vuelven pues. Una sola vez o infinitas veces, vienes a la tierra, al mundo que no olvidas, como nadie de nosotros podrá olvidar jamás esta tierra.*" (estrofa 41). Al principio el verso suena como el anuncio de la muerte, de la propia del poeta, pero también de la respectiva muerte de cada uno de nosotros, y quizás aclara el sentimiento de estar cerca de la muerte, un último sentimiento antes de desaparecer, siempre y cuando uno sea todavía capaz de sentir con conciencia.

Junto a la abrumadora melancolía, se torna visible y tangible el amor del poeta. Todo ser humano ama *su* vida, pero el poeta ama *la* vida. Y él la ama inconmensurablemente a través de su poema, estrofa por estrofa, una y otra vez a través de sus versos, detrás de los cuales vemos y/o sentimos el gran amor de la vida. Muy pocas veces encontramos en la poesía mundial una expresión tan triste del amor a la vida como en estos versos, lo que induce al lector a detenerse después de leer los versos, a entregarse libremente al sentimiento... y a sentir tristeza.

6.

En la estrofa 45, hacia el final del poema, se plantea la pregunta: "*¿Es que la vida puede ser rechazada por la vida? ¿0 sólo la poesía por la vida?*". La cuestión es de importancia esencial, no sólo para los poetas, sino también para el arte y sobre todo para los artistas, cualquiera que sea su arte. Vemos como ejemplo evidente la dramática vida de van Gogh. ¿No pospuso su vida ante la pintura, no se preocupó por sí mismo, su salud, su éxito, incluso por una mujer... sino sólo por su arte, su pintura? O Hölderlin, que, durante su existencia terrenal, aunque experimentó el amor (Diótima - Susette Gontard), sin embargo, y al final y al cabo, no tuvo una vida, luchó por sus poemas de tal manera que llegaron a una profundidad que probablemente será difícil de alcanzar de nuevo en la poesía, especialmente en la escena de la poesía de hoy. O Pessoa, que renunció al amor y a la vida con su amada Ofelia Queiroz, y no sólo eso, sino que renunció radicalmente a todo lo que corresponde a una vida normal, sólo para poder concentrar su energía, su totalidad, en su poesía *("Para ser grande, sé entero" - Ricardo Reis).*

Nosotros, los lectores podemos suponer que esta pregunta radical "o - o" se ha planteado desde el momento en que el arte y los artistas han existido, porque es fundamental. Y seguirá existiendo, así como la pregunta de Hölderlin: "*¿Para qué poetas en tiempos tan mezquinos?*" ("*Pan y Vino*"), que ha provocado repetidas veces la controversia de generaciones de artistas, porque también cabe entender: "¿Para qué el arte en un tiempo tan mezquino?" Pues el tiempo es mezquino en cualquier tiempo, es decir, siempre.

Por supuesto, no todos los que se consideran artistas tienen que enfrentarse a la pregunta y resolverla. Ya tan sólo por esta razón es que en nuestra época ya no basta con que una persona sea sólo alguien con una profesión, sino que debe aportar también unos cuantos títulos profesionales con los que adornarse.

7.

En la estrofa 48 llegamos a la última estrofa del largo poema, que suena como una invocación que nos deja atónitos. La volvemos a citar aquí:

"*¡Oh, nubes de gas hechas carne! ¡Materia hecha vida!*".

¿Qué es esto? ¿Qué dice el verso? ¿Qué significa?

Inicialmente esta es una sobria exclamación de la ciencia moderna - astrofísica, astrobiología -. Aquí, como un verso en el flujo del poema, dice algo que nos parece una revelación. El gran misterio de la vida con sus infinitas preguntas, que nos enfrenta a los humanos, escritores o no, ante la eterna incomprensión, de repente se vuelve simple y trivial. El movimiento gaseoso cósmico, los vientos, la interacción química de las moléculas se convierte en materia, y por azar la materia se convierte en vida. La física se convierte en metafísica. Y la transitoriedad ya señala el camino: la metafísica de la vida se convertirá un día - un tictac del tiempo cósmico - en física, bioquímica, moléculas de nuevo. La carne y la lujuria, el alma y el sufrimiento se convierten en carbón y cenizas, gas y polvo. Los vientos terrestres se convierten en vientos cósmicos.

Toda la metafísica de la vida como "*La medida de la eternidad es abarcable*" (estrofa 47) se encuentra aquí resumida en la más alta simplicidad de la palabra, incluso resumida.

***

En este poema el lector encuentra mucho dicho y muchas preguntas, sin respuesta o sin responder, a través de los temas abordados. En el contexto de esta modesta introducción no podemos abordarlas todas, sino sólo algunas aquí y allá. Hemos intentado un acercamiento a lo que se ha dicho en detalle a través de explicaciones.

Se han escrito muchas palabras (poetizadas) que poetizan esta obra en poesía. Lo que pueden liberar las palabras poetizadas - como el rayo y el trueno - en la mente y la mano de un artista puede reconocerse obviamente en la obra de Francis Bacon, tal vez el pintor más importante del siglo XX.

Ahora también se hace más claro lo que se entendía inicialmente por la palabra "poesía".

Los poemas memorables de los tiempos modernos no son sólo "Leaves of Grass", "The Waste Land", "Le Bateau Ivre", "Les Fleurs Du Mal" ... sino "Vientos" de Chi Trung. Ahora no hablemos más sobre el poema, permitamos que nos hable su palabra.

Tenemos que (re)descubrir la grandeza de la poesía mundial.

Silke Joyce
2008

Traducción: Juana Burghardt
Traducción autorizada

vientos

Nguyen Chi Trung

1

Vientos del cielo que lo dividen en dos,
que se desgarrará hoy a la noche,
sin ninguna participación humana,
aún carente de pasado.
¿Definitivamente perdidas,
las innatas vidas inherentes del arte?
Más inherentes que del río el pescador,
del bosque el leñador...
El paraje del aquí y del ahora
es ingrato, imprudente.
¿Llevará luto la tierra primigenia, llevará?
Lo debe.

2

Vientos de lo oscuro que aúllan en las tinieblas
de hoy a la noche, aumentando lo tenebroso.
¿De quién es el corazón cegado
por la inagotable lluvia que acota
con cortas gotas como lágrimas
de criadas de siete años,
con gotas largas como las
de sonidos nocturnos que golpea y derriba?
Pronto el recuerdo
será de la despedida.

3

Vientos del susurro siempre
más leve hoy a la noche,
que dejan parecer omnidevorador el silencio.
¿Lo hemos consumado?
Aunque parezca haber algo
sin concluir.
Nunca. No estemos seguros.
El corazón se tuerce bajo
el torturador del momento.
¿Adónde nos guían
los surcos de la sequía?
Tal vez, lo tardío
no volverá a ser.

4

Vientos del ensueño que es la vida
como no puede ser,
cuyo llanto cruza la noche de hoy
y los mares pétreos.
La lluvia. Llueve como
desde siempre lo ha esperado.
Como siempre se han esperado
la costurera del cielo
y el pastor de los búfalos arnis,
viéndose en el puente de piedra,
construido piedra por piedra
por innumerables grullas
para que no olvide
un corazón al otro corazón.

5

Vientos del espacio, vientos espaciales,
que silban bajo el manto otoñal de sangre ligera.
La gota del luto
se estrelló en la vereda,
¿o fue antes de rozar el inmundo charco
que yace en la baldosa?
El talón de antaño progresó
en el exterior hace tiempos remotos
y su peso aún aplasta el alma,
¿podremos escucharlo con la mente
y el corazón menguante?

6

Vientos del séquito, que nos encauza
y acompaña en la búsqueda sin estrellas.
No sabemos hacia donde, sin conjeturar,
suponemos los posibles
parajes de la soledad,
cuyo dominio se extiende
en agujeros de tierra como guijarros.
De la vacuidad. La cuantía de las cosas.
Inconmensurables. El alma,
¿no debería desaparecer?

7

Vientos sobre el cortejo de luto sin humanos,
donde las hojas se fugan juntas,
para alejarse
y perderse mutuamente, sin fondo,
sin rozar ni la piedra ni la tierra.
¿Dónde quedó el adonde
y adónde era el dónde?
¿Una pequeña entrega mutua es demasiado
o no significa nada?

8

Vientos sobre el cuerpo tambaleante
que pasan por azules pilares macizos
del ojo, con imperturbables sombras
del recuerdo, sin fin. Cuando.
Cuándo sabremos de ese cuando.
Oh memoria, atravesando como vendavales
cercanías y distancias,
dejando lo trágico.
A menudo, aquí, en la palabra.

9

Vientos del momento y del rato extenso,
que cambian la vida que no permite
colmarla hasta el borde. ¿Y con qué?
No con nada.
Como un coco seco
sobre la calcinada playa
está simplemente la existencia.
Nuestra razón tiene deudas
que no pueden ser absueltas.
Dejemos agonizar el corazón y el cerebro
en carbón y cenizas
con oportuna dedicación.

10

Vientos de las alturas inalcanzables
entre las montañas inmersas en nieblas,
sentidos y palabras se aportan allí,
ni de aquí ni de más allá, sin pertenecer
ni al paraje del Yo
ni al paraje del Ustedes.
Les envié antes
una palabra del poema.
No saben de ello,
¡ni les preocupa
ni los conmueve!
Lo veo y lo asumo: lo negado
También es algo negado. Un no,
una nada, un Nihil.
No obstante, ingreso
cada hora a la espera,
llevado por esperanza, desasosiego,
dudas y cerebro negro.

11

Vientos que barren y vacían todo
lo que se adhiere a nosotros que revelan la vida,
como imprevisto, insoñado, impensado.
El corazón es una cosa desgarrada y
el alma algo enfriado, indiferente.
¡Calles vacías y vacíos caminos penosos
de la noche partida por la mitad!
El agujero negro que absorbe los días
terriblemente distantes que
aún me condenan a buscarlos
en edificios, dentro de lo existencial,
apareados con vidas a medias y con nostalgias
sin aniquilar que siempre retornan.

12

Vientos del desierto que atraviesan
nuestra vida, un breve momento
y ya vuelve a pasar, dejan
la tierra poblada y yerma.
Lo que queda aquí y allí
es el resto de arena y polvo,
arremolinados en los cordajes arrancados
de nuestro naufragio
sostenido en increíble luto.
Lo que te daré en la mano
confiando en la absoluta
admisión de la palabra,
ocurre en mi imaginación
que nunca considera que el dolor
no sólo me sostiene a mí,
sino que yo también el tuyo.

13

Vientos que se desdicen de nosotros
formando la decadencia del alma
pero casi sin aumentar su fuerza
- cielo afuera que no se aleja
y ya no manda protección.
¿Queda todavía una palabra
de la mencionada patria? -
El recuerdo causa la corriente interna
de lo pasajero y vivo a la vez.
¡El recuerdo! Si, asciende
por las riberas del alma quebrantada,
impidiendo la inundación
de distantes, desconocidos
y crueles parajes.

14

Vientos que se afirman solos, permanecen
como la tristeza en el tiempo
que de noche llega a la carne desnuda
como la visita de nuestro cuerpo
mediante la oscuridad y sin lengua,
acosándolo hacia la desesperación.
¿Para qué puede ser la vida?
Quizá también para aportar el mismo ulterior
- el estar y el no-estar–
al sentido y a la palabra.

15

Vientos que hacen desaparecer
el amor basándose,
como cualquier suceso humano
durante la vida,
en malentendidos.
Me has perdido
del corazón vuelto azul
y yo sigo manteniendo tu imagen,
lo que me quedó de las noches anteriores,
firme en el pecho abierto,
que se abre como una ventana al océano,
entre la orilla de la vida,
donde bastante quedará recién grabado.

16

Vientos que penetran los parajes de lo vacuo,
omnipresente desde el comienzo de la vida,
antes en aldeas humildes
protegidas por la interminable selva,
ahora en sobrecargadas ciudades de la desdicha,
acorralado en el vientre del cerdo de cría.
El corazón es una piedra humana
que aplana. Y hablamos
de otra piedra de oro,
inalterable como la palabra.

17

Vientos que traen la tristeza
de ninguna parte a la vida,
precipitan la mísera vida
a la miseria carnal.
Una miseria sin tiempo
que baila simultáneamente con el tiempo
obedeciendo mutuamente al compás de la muerte.
¡Nunca alcanzará el esfuerzo!
Nuestro cuerpo es el destierro
a lo inefable pasándose por alto todo
como la ola del destino.
Hasta cuándo.

18

Vientos que transforman la vida,
sueño materializado,
placer vuelto dolor,
en el ataque de muerte con las ligeras
convulsiones del momento.
Sin despedirse realmente
del mar desierto, cuyas olas,
para nosotros indispensables, se expanden.
¡Día, te inauguras brillante y luminoso!
Presente, justo estás,
casi insostenible y sólo llevas lo efímero en tí.
¿Están? Dónde.

19

Vientos que regresan las historias ancestrales
desde muy lejos,
donde no dejaban de borbotear.
Su susurro nos enseña mucho de lo poco
que resta, escaso como
los pastos otoñales sobre el fondo barroso,
donde yace enterrada la transformación,
del polvo al polvo. Muchos somos,
pero mucho no poseemos.
Los tamaños diminutos de nuestra historia
alcanzan plenamente para
cubrir el alma con varias
capas del musgo milenario.

20

Vientos que enterraron todo el interior
de nuestro hogar, la luz de la luna silente
sobre oscuras bibliotecas, el sonido mecánico
de la desesperación en una tumba.
Esos pocos metros en la profundidad de la tierra,
¿es más profunda que el interior del corazón?
¿Consiguieron los vientos enterrar el luto?
La plegaria, a la que permitimos
tomar el lugar del poema,
y la sotana atina cubrir
mucho de y para nosotros. ¡Oh, poema!
¿Qué cosa será en la tierra?

21

Vientos que efectivamente se llevaron todo,
el bullicio del mediodía,
el sonido de los espíritus intranquilos,
el imán del lenguaje de letras
y que sólo dejan percibir el crujir
de las hojas secas del bambú
por la tremulosa mampara,
que consiste en ramajes
y aquello de días pasados.
La senda de la sangre pasa
por la fractura del corazón
que se bifurca como un tarugo
partido bajo el hacha,
mientras el grito por nadie llama,
sólo llama.

22

Vientos que sacan todo aquello
del campo humano,
del hogar del siglo
y del ondulado mundo de la perdición
¿Por qué nos dejaron
únicamente la condena?
Abrimos las páginas
llenas de palabras impacientes
escritas con tinta de lágrimas negras
que sólo perdura ante los milenios.
Vivimos, o sea,
no sólo llevamos en nuestra carne
la despedida.

23

Vientos que aparentan provenir
de los parajes muy cercanos a nosotros
que nos desterramos, tan cerca
como el corazón y la mente
que llevamos y cultivamos,
mientras crece nuestro dolor.
¿Qué será, cuando en la literatura
se habla de lo venidero
y la vida misma lo desconoce
sin embargo, sólo es?
Declaramos concluida hasta aquí nuestra historia,
sin embargo, aún no acabó.

24

Vientos que provienen de alturas en neblinas pétreas
pasando por calvos farallones celestiales,
sobre campos verde-dorados dando a luz tiernos
gérmenes, sobre valles cubiertos de palabras,
torrentes vacíos de sentido, sin todo el siniestro
sedimento del hombre.
El corazón del interior, ¿estará exento de la
putrefacción, alcanzará su vastedad?
De todas maneras, desea recibir el vacío
omniabarcador, tal como el acantilado
recibe la avecinante ola
en la auxiliadora oscuridad de la noche.

25

Vientos que se deslizan - como patinar
sin roce frío - sobre la hoja de papel
raspada conteniendo
aun invisiblemente la vida.
En las nervaduras se implanta el olor
a vieja tinta evocando recuerdos.
Recuerdos de la Ausentada,
la huella se llevó
sin dejar nada olfatible en el viento.
¡Oh, siempre solitaria la memoria!
¿Y el olvido de los ausentados?
Es vivible la vida
y cómo será con la propia,
cuando haya pasado.

26

Vientos que permanecen sobre
el rostro acuoso del Ganges, se vuelven
y regresan como la estancia,
el volverse y el regreso
de nuestra tragedia.
¿A qué fin su repetición,
incluso sin la más ínfima actuación humana?
La carne semicalcinada, macilenta
en el agua turbia de lo Eterno
muestra ahora la descomposición culminada
como fue acoplada al nacimiento.
Hubo muchas alegrías de una vida.
¿Dónde estarán ahora
- al fin y al cabo las carnales –
en la larga corriente de la inexistencia?

27

Vientos, ¿cómo podríais anular lo ocurrido,
entregar la playa al naúfrago,
al amante el amor?
Es la palabra quien lleva su cometido en sí,
aumentando la neblina
que se inmiscuye en nosotros
y nos traspasa a condición en suspenso.
¿No es el interior del corazón
quien destierra la carne al exilio?
Sin embargo, en este infierno que nos circunda,
corremos riesgo de ignorar
definitivamente lo que designamos alma

28

Vientos, ¿cómo lográis agotar la lengua
hasta su definitiva
superficialidad? ¿La palabra,
aquel legado de la materia,
no es abismal,
no es indestructible e inextinguible?
El ir y venir
en la forma exigua
- la figura efímera, la única que tenemos -
todo eso, ¿sólo es para
legar una última página,
el verso, el poema?

29

Vientos que provienen del reino-sin-límite,
soplando vasta y exhaustamente
a través de las regiones infinitas,
permanecen con nosotros, conversan
y juegan con nosotros como un amante,
unos minutos y ya anuncian la despedida,
sin dejarnos ver mutuamente
en el instante, en que dudamos sin aliento
siendo incapaces de decir
una palabra por nosotros.
Ni siquiera fue dicha
y ya no nos conocemos.

30

Vientos que embrollaron el alma,
le pasaron por encima, ahora magullada,
acopiándose en un escrito
para una estrofa donde al envés
se ocultan las penas de una vida
¿A quién la estrofa?
Y qué poeta será capaz de plantear
todos los sufrimientos ocurridos
y los dolores sin palabras
en una hoja de papel, desgarrada,
con sus trizas que se reparten esparcidas
y que ahora vuelve a configurarse
laberíntica, estando en camino.

31

Vientos cuyo llanto nocturno
bufa en torno a los postes de farol,
restringiendo su lumbre débil.
Vientos que llevan la lluvia a todos
los caminos de las ciudades vaciadas,
como un desamparado
que está en las calles devastadas
arrastrándose dolorosamente y errando en ella,
lo que está al final de una calle
da al comienzo de otra
siempre al límite.
¿Qué será, llevar dentro
una vieja sombra que constantemente
carcome tu corazón?

32

Vientos que hacen emerger
las gotas de lluvia desde el profundo
ensimismamiento y llevan al olvido
las gotas grandes como el día;
gotas que buscan, aún en la aberración,
su semejante, solas y a despecho
de la ignorancia;
gotas, de las cuales se pudo esperar
una vez lo pasajero, pero
de las que perdura lo perenne.
Y las gotas del hoy, ellas estallan,
desde ahora, en la canción de la inocencia,
sobre una hoja virgen.

33

Vientos que habían pasado sobre selvas antiguas,
sobre alones de los árboles,
sobre la maleza restante del último desierto
hasta llegar a la gramilla polvorienta,
reunidos ahora en las hojas celulosas,
lo único que persiste de nosotros,
luego de toda la obra humana,
porque nos perduran.
He aquí una hoja quejándose
y llorando como el zumbido
de insectos en la noche de verano.
He aquí una hoja que ha perdido
hace mucho tiempo el estilo
de los Días Altos,
¡pero sin desgastarse todavía!

34

Vientos, de qué consistiréis
para colmar nuestro vacío,
abarcar nuestro vicio,
abrigar el momento del cambio epocal
y el hálito de recogimiento
en la noche negrísima.
¿O sembráis la decadencia y el frío?
- vuestra constitución original,
pero también la última –
profundamente en el fin del corazón, de la mente,
en los huesos disecados en sangre,
expuestos a los vientos
desde el principio de la vida.
Una vida añorada.

35

Vientos, ¿podéis barrer completa
y rotundamente el amor
y la imagen del amor
del reino humano?
Y entonces el corazón interior
del corazón ya no debe buscarse.
¿Es poético el ser humano?
¡Oh, Reina del Corazón!
La sangre coronaria es efímera,
es insustancialidad descolorida,
un momento desvanecido.
La palabra es legada. Todos somos
el recipiente de lo fugaz.

36

Vientos que modulan una leve canción de cuna
como queriendo avalar todo el sufrimiento
que sucede continuamente.
Algunas veces alcanza el tiempo todavía para ello
- debemos percibir el momento, sólo él -
siempre es demasiado tarde.
Haber sufrido la vida,
¿qué lo contrapesará?
¿Podríamos arrepentirnos de nosotros
en el vaivén de los días, vivir o haber vivido?
¿Quién no habrá intentado contener
los sueños en sus manos?
El tiempo hacia su final
siempre es la época de las cenizas
llegando del torbellino a la calma.

37

Vientos que entonan en la nana
la remanente queja,
vientos, desnudos y sin ira,
han suplantado a los hombres,
ahora numerosos pero ausentes,
para dejar aflorar del reino de la miseria
lo que no sabemos, lo que ansiamos.
La miseria, de la que supusimos
alejarnos, es menester
adoptarla en nuestro vocabulario,
nombrarla en nuestro olvido ensimismado.
¿Dónde queda sino la desesperación definitiva,
la no-esperanza del supuesto último siglo?
Y cuál corazón no queda destrozado,
si se destroza el interior
del corazón.

38

Vientos que pasan como ataques,
ora impetuosos, ora indescisos,
penetrando impacientes en nuevas tierras,
donde ya no está el tiempo
replegándose a tierra antigua,
donde estuvo el tiempo. Vientos
que alargan los dolores de los días
como una inacabable marea menguante.
Nosotros hacemos una pregunta: dónde está
la Guardiana del Duelo.
Ella nos nutrió a través del tiempo,
nos indicó la existencia.
Vivir significará estar esperando el día
de mañana, aunque el poema de hoy,
el el presente en nosotros, aún
no se haya terminado de escribir.
Vivir es esperar,
¿y lo ocurrente?

39

Vientos que pasan de prisa por
nuestro corto esclarecimiento,
permaneciendo mucho en nuestra desgracia,
despedazan nuestra carne almada
dejándola sangrar.
¡Qué cerca están las cosas entre sí!
En la unión de antaño ya hubo
una despedida incipiente
que paulatinamente se va realizando.
Y la gente, amada y
no amada, cuando no está,
¿también significan mi ausencia?
Y la ausencia de la Sustentadora de la Tierra,
a ella le sigue la del poema.

40

Vientos sobre el corazón paralizado,
sobre la impasibilidad, con la cual nos protegemos
de la pérdida de uno mismo y que
nos mantiene vivos
pero no nos permite vivir.
Todo esto es de una belleza que
ya no va simultánea al talento,
de lo bello que ya no es intrínseco al arte.
¡Qué vacilación justa en este corazón!
¡Qué falta de confianza de la Reina de las Artes!
¡Cómo se ha enajenado todo!
¿Cómo ha sucedido?
¿Y no que ambos asuman
su carma mutuamente
sosteniéndose por sí mismos?

41

Vientos que comienzan a soplar desde las playas
que aún están delante nuestro,
hacia las playas que quedan detrás nuestro,
de la orilla del olvido
a la orilla de lo impensado.
Vientos emocionantes y vientos aburridos.
Cuántas veces caen a las viejas calles
las diminutas hojas del tamarindo.
Cuántas veces vuelven los tiempos.
Y vuelven pues.
Una sola vez o infinitas veces,
vienes a la tierra, al mundo
que no olvidas,
como nadie de nosotros podrá
olvidar jamás esta tierra.

42

Vientos que hacen emerger del reino
de las profundidades, sea del hombre,
sea de la vida, de la tierra, a la superficie
alentada por lo espiritual, lo que
suponemos la futilidad eterna
realizando su tolerancia,
cuando lo podamos, el no-vivir.
La futilidad habita el fondo del tiempo
haciéndonos cuestionar por eso
permanentemente todo.
¿Podríamos de otra manera?
No escribir más.
Pues lo escrito es sólo
el lamento del espíritu,
hasta de la poesía
frente a la futilidad.

43

Vientos, ¿Sois un gran aliento
manteniendo en vida lo vivo;
un suspiro intemporal aflorando
desde el principio, y siempre dura?
¿Una impalabra que interpreta y aclara el ser
con todos los enigmas que nos acompañan?
¿Sois una palabra que pretende contener
nuestro principio dramático y nuestro final
incontable en todos sus detalles?
¿Sois todo lo que hemos cubierto,
lo que la vida ha encubierto
y el tiempo enterrado?
¿También sois el hedor que ahora
se esparce supliendo la fragancia del día de antaño,
eres lo antibello del que consiste
el último soplo de nuestra existencia?

44

Vientos, ¿Sois la demasía de la ética,
el hastío del amor,
el apartamiento de lo humano?
Nosotros, los coetáneos, ya no requerimos
de todo aquello, pues partimos
orgullosos en la necedad y
desnudos como un guijarro embotado.
Si, nos esforzamos en olvidarnos.
Pero el interior del corazón
todavía no llegó hasta el final.
¿Fue por nuestro poder que
nos vimos una vez hasta el interior
intuyendo la última vez?
¡Qué juego simple es el olvido!
¿Por qué no puede olvidar nada el poeta?
Ni la visión pasada y aún viva,
ni al hombre mismo, la tarde estival,
el aire ondulando entre dos corazones...
Aunque de noche venga
la Mensajera del Olvido.

45

Vientos, sois uno y el mismo
que habitan dos sitios alejados de sí,
el lugar de la cercanía y lejanía,
del saber y no-saber,
de lo cierto y lo incierto
Es que la vida puede ser
rechazada por la poesía?
¿O sólo la poesía por la vida?
No, la vida de cada cual no es única,
es sólo la vida misma.
No contemples lo tuyo como lo único
que tienes, arrójalo a los vientos,
déjalo ser efímero y olvido.
Lo particular de la vida
sólo yace en la palabra
que escribes.

46

Vientos, ¿Sois el aliento del cielo,
el imperceptible aliento de la deidad
que se lleva irremediablemente los sufrimientos
del hombre, de la tierra al reino de la nada?
Sois lo que hacen la vida digna de olvidar,
sin que tengamos que soportarla
y persistir en nuestra miseria.
¿Es que sabemos por qué
se reúne en nuestro alma tanta tristeza,
la tristeza de tanto tiempo,
a lo largo de la superficie terrestre
y de los siglos aumentando sin cesar.
¿Se evidenciará alguna vez?

47

Vientos, ¿Sois únicamente la carencia de la duda?
Permitid todavía la escritura
de estas palabras,
ya que son dramáticas.
Aprendamos a amar a
la Guardiana de lo Trágico,
aunque no sepamos,
si lo mercemos allí,
donde gozamos libre albedrío.
Vientos, pasáis por las vidas que
permanecen entre el vaivén
de los párpados, por las vidas que
no quieren acabar.
Pasáis por este tiempo
hacia todos los tiempos afuera.
Vientos, traéis la oscuridad de la noche
que no quiere acabar
al día glorioso que no quiere acabar.
La medida de la eternidad es abarcable.

48

Vientos, ¿Sois las palabras
escritas y los sentidos llevados
a la luz humana?
Siempre hablamos del alma,
mas, ¿qué sabemos del alma,
de su existencia, sí, de su inexistencia?
Quizá Ella es sólo un tenue aroma,
casi imperceptible, solamente donde
no estamos, adonde no llegaremos,
siempre fuera de nosotros,
cuyas huellas terrenales nosotros,
los preocupados por nosotros mismos,
sólo podemos intuir
en el instante de nuestra muerte,
en la esfera de cercanía y lejanía.
¡Oh, nubes de gas hechas carne!
¡Materia hecha vida!

Epílogo

Filomena Ciavarella

Los versos de Chi Trung son como el viento del cielo, viene de lejos, es capaz de tocar el corazón, la mente y el espíritu en las profundidades del océano. Se eleva desde la nada celestial, en un puente infinito con lo invisible.

El poeta refleja la vida en Vung Tau, donde nació, un pequeño pueblo en la costa sur de Vietnam. Hereda la tristeza de su madre, la melancolía es su esencia, siempre va en busca del paraíso perdido en la tierra, en esta cuna del dolor donde la armonía de los picos intactos se ha eclipsado en la niebla. En esos lugares soplan los vientos de las alturas intocables. Donde la infancia del poeta se desvanece silenciosamente, vaga por los reinos de la nada, por el hilo del ser, por el doloroso camino del misterio. Sus versos también nacen de los lugares sagrados de Oriente, inmersos en la naturaleza. Vietnam, alrededor de 1000 años antes de Cristo, es la tierra del pueblo Van Lang que vive en la región de Phu Tho, de donde proviene el abuelo materno de Chi Trung. El pueblo Van Lang fue la dinastía que dio origen a la nación de Vietnam. El rey Hung fue el primer rey, dinastía que se extiende desde el 2879 al 258 a. C. En Phu Tho todavía se celebra anualmente la gran fiesta nacional en honor al primer rey, el fundador de la nación. El abuelo materno fue el mandarín que organizó el ritual sagrado.

Por otro lado, su madre fue educada, como las hermanas, en casa. Ha leído todo el compendio de la literatura clásica. Realizó la epopeya nacional de "Nguyen Du", en 3.254 versos en Six-Eight, durante largas horas hasta los 92 años. Chi Trung, tras su muerte, descubre los poemas escritos en pequeños y preciosos trozos de papel de diferentes formas.

Más tarde reescribe, sabiamente y con amor, esos versos sobre la tristeza.

Ella no quiere que su amado hijo escriba poesía, porque conoce esa nostalgia, la ha vivido en su propia piel. Su padre le prohíbe leer, le preocupa su excesiva empatía, cree que su hijo algún día se convertirá en monje budista. Es demasiado sensible para estar en el mundo.

Sus versos nacen de los lugares sagrados de Oriente, inmersos en la naturaleza con un poder infinito. Chi Trung fue durante unos años a la Villa Sagrada de Vietnam, donde el Primer Rey fundó la nación. Es un paisaje, rebosante de religiosidad, donde se puede sentir la atmósfera misteriosa de esa región. Finalmente entiende por qué su abuelo, oriundo de ese lugar sagrado como su madre, se casó como un sacerdote con la obra del Rey. La tristeza traspasa el corazón de su hijo, pero nunca niega su nostalgia, es la fuente viva de su poética. Esa tristeza comienza alrededor de los trece años, cuando visita una gran extensión de té con su tío materno y algunos miembros de la familia.

Intrigado, recorre esas plantaciones para ver el paisaje, escuchar el canto de las cigarras y de los pájaros. Llega a un establo, construido con madera y hojas de bambú. A la sombra de ese techo, algunos niños se quedan solos. Están allí, uno al lado del otro, mirando a la nada. No juegan, se sientan apáticos, inmóviles. Verlos es muy conmovedor, es la primera vez que conoce a niños muy pobres y sin emociones, casi se puede tocar la ausencia de existencia. La "no vida" siempre vuelve en sus poemas. Ocurre un temblor en su alma.

En su poética se refleja su pensamiento de manera melancólica, comienza a observar la lluvia de los monzones, " *la costurera del cielo* ". La tristeza se convierte en lamento en la poesía.

Entiende que se ha convertido en un niño más, ha perdido su infancia, pero esa es su esencia.

Desde entonces las columnas azules del dolor se convierten en cariátides metafísicas, perforan la tierra, los tamarindos. Las imágenes se vuelven carne y polvo en sus metáforas, emergen gentilmente en su memoria, suaves y llenas de gracia. Se eleva el dulce y profundo olor de Oriente, con su luz que truena y colorea estos versos celestiales. El polvo, el pueblo, el manto de hierba son cuerpos vivos que le hablan al alma, como una ventana abierta sobre el mar infinito. Los vientos soplan sobre los elementos de la tierra, en las áreas invisibles, son ligeros y golpean como relámpagos, cruzan el hilo infinito del tiempo. Su voz es melancólica y nostálgica, sus palabras entran en la vida como el sol meridiano, con una lucidez esencial y poderosa. Estos versículos emanan un amor ilimitado por la vida. Pinta cuadros vivos, coloreados incluso en la oscuridad, que llevan al corazón del poeta al dolor, enamorado de las alturas invisibles, envueltas en la niebla, que poco a poco se van revelando. El viento lo acompaña constantemente en su vida, el eco de los monzones siempre parece girar en el amanecer de su constelación. Soplan con fuerza infinita en Saigón desde que él era niño, siguen girando incluso en la noche que llega a Stuttgart en 1967. Envuelven su ser cuando una noche de 1992 comienza a escribir *Vientos en estado trans*. Son vientos que acarician a veces como un ligero céfiro, otras veces parecen tronar desde lo profundo de la tierra.

Su poesía, como magma incandescente se convierte en voz, pensamiento que perfora la roca. La nostalgia toca cumbres vírgenes, tiene una dimensión humana abismal como un pozo sin fin.

Su voz desciende al abismo para tocar el polvo de la luz, la noche en el " *mares petreos* " y elevarse entre las alas de lo invisible. Cuestiones metafísicas que respiran el viento de levante, para tomar vuelo y volver al origen, en la calma del lago donde los cisnes se sumergen en un oasis de paz. Su majestuosa nostalgia canta en los elementos de la naturaleza, con sus cimientos en el infinito.

Su voz se vuelve viento y sabe entrar en la piel, con una fuerza inmaterial que proviene de espacios inmaculados. La espera es fuerte y toca esferas intocables, va a sus orígenes en un vértigo celestial. El dolor universal atraviesa lo incognoscible de manera esencial, navega más allá del arte y el amor que se evapora. Los vientos se hacen carne en estelas de luz en la orilla del misterio de la existencia.

La poética del autor es anti-dogmática y tiene una dimensión mística que profundiza. Las preguntas sobre la vida no están rodeadas de un credo, de una dimensión divina como en Hölderlin. Su poesía se convierte en un misterio con una religiosidad sin religión como en Montale y Leopardi.

Chi Trung ama profundamente al poeta del "*Infinito*", donde la tensión metafísica es el poder imaginativo de su filosofía. Leopardi está muy cerca del pensamiento budista, busca con su imaginación lo que no se puede percibir solo con la razón. Detrás de las líneas de Vientos está el pensamiento poético oriental, como en Leopardi hay una visión amplia de la realidad, que se convierte en ímpetu lírico.

Los elementos de la naturaleza nos hablan con el corazón, llega el viento del sueño que con un grito atraviesa la noche, "*el mar petreos*". Llega la lluvia, " *la costurera del cielo* " y " *el pastor de los búfalos arnis*" se miran para " *olvide un corazón al otro corazón*". Versos verdaderamente inalcanzables, fuertes, infinitos. El viento silba bajo " *el manto otoñal* ", mientras el dolor estalla en el suelo antes de tocar el estanque desalmado que yace sobre la " *en la baldosa* ". Y el viento sigue soplando fuerte, ruge y acaricia los sueños de Chi Trung, el corazón rompe las puertas con un trabajo de grúa, desde hace años, somos " *el recipiente de lo fugaz*". No sabemos adónde ir, no tenemos idea de la " *los posibles parajes de la soledad* ", "*la cuantía de las cosas. Inconmensurable*", ¿intercambiamos pequeños obsequios? Quizás nada. Vientos "*sobre el cuerpo tambaleante* ", el recuerdo se convierte en una " *con imperturbables sombras del recuerdo, sin fin* ". Los momentos se expanden mientras la vida cambia y no se pueden llenar hasta el borde. En la playa caliente el cielo se vuelve " *Como un coco seco* ", la vida simplemente está ahí, mientras el corazón y la mente se desvanecen " *dejemos agonizar el corazón y el cerebro en carbón y cenizas con oportuna dedicación* ". El instante se convierte en un rayo de vida en la bendición, en la acción de gracias.

Continúan caducando en los picos intactos, en los lugares donde van los significados de las palabras, " *ni de aquí ni de más allá, sin pertenecer ni al paraje del Yo ni al paraje del Ustedes* ", donde no había separación. Nos mantiene unidos un dolor intangible, el mismo dolor que el poeta confía confiando en la palabra y se convierte en portador del dolor del otro. El cielo no nos abandona pero ya no ofrece protección, mientras el recuerdo fluye como el río del espíritu de lo que muere y vive. El recuerdo lame las orillas del alma desgarbada, no te permite adentrarte en tierras desconocidas y lejanas. Vientos que se arrastran y sobreviven " *como la tristeza en el tiempo* ", dolor que lega la "*carne desnuda*" como la visita silenciosa del cuerpo de una mujer en la oscuridad para luego volver a la desesperación. Quizás la vida anhele un significado o una palabra. Vientos " *que hacen desaparecer el amor basándose, como cualquier suceso humano durante la vida* " se desvanecen, rastros de infinito aferrados al balcón del océano, en la santa distancia para vislumbrar la belleza aún viva, fresca y no quemada desde el momento en que se enciende. Los vientos soplan entre las habitaciones del vacío que invade todos los lugares, pueblos escondidos, " *protegidas por la interminable selva*" o ciudades del reino de la opulencia. El corazón es una piedra humana que se desmorona, algunos creen " *de otra piedra de oro* " de la palabra indestructible en vano. El sufrimiento no tiene tiempo, baila con paso de muerte. Nuestro cuerpo está " *el destierro a lo inefable* " que barre todo, pero ¿hasta cuándo?

Vientos que materializaron los sueños, "*en el ataque de la muerte*", mientras que los momentos atormentan, sin encontrar despedida, las olas " *del mar desierto* " que, extendiéndose, nos hacen vislumbrar el origen, en una visión donde todo encuentra su propia dimension. La metamorfosis yace enterrada, las historias antiguas "*aconsejan*" como "*césped en otoño*". La desesperación del corazón íntimo, la oración que sustituimos por poesía logra olvidar la condición humana, pero ¿hasta qué punto? Vientos que se llevan la tarde y " *el sonido de los espíritus intranquilos*" palabras escritas con lágrimas en "*tinta negra*" cobran vida en siglos de historia. Vivimos la vida y "*no sólo llevamos en nuestra carne la despedida*". Nosotros " *declaramos concluida hasta aquí nuestra historia, sin embargo, aún no acabó* ". El corazón todavía quiere imaginar, todavía es lo suficientemente grande, mientras que, que vienes en el vacío " *de alturas en neblinas pétreas* ", saluda a las tormentosas olas en la oscuridad amigo de la noche. La carne se consume en el río de la emended, el lenguaje no agota la superficialidad, esa corta duración de existencia que se evapora en la hoja del último verso antes de morir. ¿Se consume la carne, se desvanece en el río de la eternidad, en la corriente infinita del no ser? Qué poeta puede representar todo el dolor en una hoja de papel rasgada, que se recompone en el hilo desenredado en un laberinto. Vientos que aúllan para envolver el resplandor de la luz, juntando la lluvia con el constante tormento del corazón, estallan "*en la canción de la inocencia, sobre una hoja virgen*". Vientos que viajan sobre bosques vírgenes, sobre las ramas extendidas de los árboles y los arbustos del desierto, ahora hojas de papel y la voluntad de los mortales, se quejan y lloran como el zumbido de las cigarras en las noches de verano. Pierden su vigor con el tiempo pero aún no se consumen, ya que soplan sobre "*en los huesos disecados en sangre* " corroídos desde tiempos inmemoriales. ¿Será el amor o " *la imagen del amor*" alguna vez barridos permanentemente en este reino de transición? Nuestro corazón ya no tendrá que buscarse a sí mismo, la pasión es efímera, se evapora con el tiempo, la palabra permanece, somos " *el recipiente de lo fugaz* ", quizás el corazón es demasiado grande para las cosas del mundo. En el momento final de la vida, "*la época de las cenizas "* se reclinan en un movimiento de torbellino en el último puerto para descansar. Vientos que como marea baja prolongan la sentencia, ¿dónde está "el portador del dolor"? Vientos que se alejan " *por nuestro corto esclarecimiento "* y "*despedazan nuestra carne"* del alma y los hacen yacer deslumbrantes de dolor, "*la gente, amada y no amada, cuando no está, ¿también significan mi ausencia "* .

Las esencias del arte parecen haberse olvidado para siempre. A través de ellos fluye la linfa esencial de la existencia, *como " del río el pescador, del bosque el leñador"*. Los humanos andamos a tientas en la nada, hemos perdido la casa del ser.

El viento sopla sobre la búsqueda sin estrellas, sobre la anulación del sentido del ser, sobre el olvido de lo humano. Ya no sabemos adónde ir, no tenemos ni idea. Estamos solos "*desnudos como un guijarro embotado "*. ¿No debería haber ido el alma en este reino de ninguna parte? Un grito de dolor surge de la profunda poesía de Chi Trung. Es un río aluvial que rompe huesos y llega al corazón íntimo.

La sociedad de consumo está destruyendo los recursos de la tierra para producir una belleza infinita y mercantil. No tenemos ojos para mirar la florecita, queremos lo máximo y no lo mínimo. Nos vemos obligados a crecer.

Es el mecanismo de la convergencia de nuestra vida hasta el final, si no acaba antes con una guerra atómica más cercana de lo que los humanos podemos imaginar.

Chi Trung teje líneas de coherencia universal. Describe la belleza de la iluminación humana que es de corta duración. Habita en nuestra infelicidad, a lo largo de nuestra carne haciéndola sangrar. La separación se vuelve continua. Cuando las personas no están presentes en nuestra existencia, tenemos la sensación de no vivir, de flotar en el vacío. Cuando no percibimos la presencia de los que aman la tierra, la poesía está ausente. Son versos universales inspirados en el " *Pan y vino*" de Hölderlin.

Heidegger ha vertido ríos de tinta sobre el significado de la poesía en esta época de pobreza. Solo unas pocas veces somos capaces de soportar la plenitud de la vida. Nuestro vagar nos trae alegría en unos momentos de gracia, mientras que el dolor nos fortalece en nuestra cuna de bronce. Debemos tener coraje heroico en la noche santa, poder abrazar y encender nuevamente la mecha a las estrellas. Dormir es mejor que estar sin compañía. Los poetas son como sacerdotes sagrados de Baco. Saben sacar de tierra en tierra de noche, en muerte sagrada. Sin amor es entrega a la vida, la poesía se vacía de sentido. En estos versos el poeta mantiene viva la llama del amor por la tierra en la poesía. La poesía es vino y pan de vida.

Chi Trung se hace a sí mismo profundas preguntas metafísicas, si los vientos tienen el poder de barrer el amor, la concepción del amor total y definitivamente del reino de la existencia.

El corazón de sangre es efímero, solo somos " *el recipiente de lo fugaz* ". Ser conscientes de que estamos atravesando nos arraiga profundamente en un corazón humano íntimo.

La tristeza es su fiel compañera, pero en ella su canto se vuelve infinito, tiene una claridad poderosa que está grabada en las palabras.

En la realidad nihilista contemporánea no se puede hablar de dolor, de melancolía. Pero Chi Trung es consciente de que la verdadera poesía proviene del corazón, desgarrado en la tierra bajo un cielo lleno de indiferencia. Sin sufrimiento los versos siguen sólo modas que no entran en las profundidades de la vida.

Hoy reina el pensamiento primitivo posmoderno, es fundamental y no tiene nada que compartir con las formas del arte.

Los vientos pasan " como ataques,", a veces truenan, otras veces vacilan, parecen impacientes en una tierra nueva, donde el tiempo ya no existe. Lamentablemente, encuentran refugio en tiempos pasados como "*vientos que alargan los dolores de los días como una inacabable marea menguante* ".

Donde reside el portador del dolor, envuelto en el manto de lo invisible ... Vivimos continuamente en anticipación del mañana. Los vientos " *sobre el corazón paralizado*" no nos hace vivir. Es el desprendimiento del río que fluye, es la dimensión que lleva el misterio que envuelve la existencia en su seno. Es el tercer ojo de iluminación derramado sobre el mundo, trae lágrimas y alegría, dulzura y viento sobre los fragmentos de existencia que vuelven a su esplendor original. Es la visión prefigurada en el retorno a la esencia que se revela, en una dimensión de clara nostalgia.

Esta belleza no está a tono con el arte, ya se han perdido los caminos de la belleza que se revela.

El estado de los poetas sólo piensa en la gloria, han perdido la dimensión de la acción de gracias.

Los vientos soplan en la orilla del olvido, de lo inesperado. A menudo, las pequeñas hojas del árbol de tamarindo se colocan en los caminos antiguos, los tiempos de las eras que no se pueden olvidar regresan. ¿Debe rechazarse la vida frente a la poesía? ¿O el poema antes de la vida ahora? Pessoa dejó de vivir por su canción de Orfeo. Nuestra vida no es única, Chi Trung supera la lógica de la posesión cuando nos invita a tirar nuestras vidas al viento

El poeta pide a los Vientos que nos enseñen a amar la muerte. Soy el aliento de arriba y abajo de los párpados que ya no están. Nos dan la dimensión tangible de la eternidad, más allá de "las vidas que no quieren acabar". ¿Qué sabemos sobre la existencia o no existencia del alma? "*Quizá Ella es sólo un tenue aroma, casi imperceptible*". Nosotros, *los "preocupados por nosotros mismos"*, podemos percibir en nuestro momento final de muerte, en una esfera de cercanía y lejanía, *"Oh, nubes de gas hechas carne! ¡Materia hecha vida!* "

Su estilo es único, había adivinado el poeta nacional vietnamita Bui Giang, y dijo públicamente que Chi Trung es el mayor poeta vivo. Esta mentalidad abierta es fascinante. La tierra virgen trae el dolor y las flores de la traición desde sus orígenes. Las hojas toman vuelo para perderse entre sí, sin motivo, sin tocar tierra y piedra *en la oscuridad que "... no quiere acabar al día glorioso que no quiere caber"*. Sintiendo el dolor del otro en un vuelo que nos lleva a donde. Darse uno al otro es demasiado o no significa nada. Son versos que encarnan con fuerza el ser humano que muere o vuelve a florecer en la vida, en una dimensión que viaja al límite, en el punto cero de Kierkegaard. En ese hilo inmaterial que el corazón y el intelecto se desvanecen en cenizas y carbón, *con la "con oportuna dedicación* ". Nuestra mente tiene deudas ineludibles, ya que nos hemos olvidado de la belleza primordial de la tierra, debido a la sed de poder y dinero inagotable del ser humano. Hemos perdido el rumbo, ya no sabemos dónde, cuándo. Su alma está frente a sí misma, la tristeza se convierte en lava incandescente que rompe las piedras al corazón del mundo, con la muerte en los ojos. El arte universal debe recordar esta profundidad, el ser no puede olvidarse de sí mismo en el inframundo, donde yace en la tierra desnuda con indiferencia. La nostalgia es una característica de las almas celestiales que nunca están satisfechas consigo mismas. Los dedos del viento corren por las orillas de lo desconocido, se convierten en un sueño materializado. Esta tristeza es la creadora de la flor universal de la poesía. La posesión se derrite en su espíritu, más allá del anillo de la carne. En sus versos, el círculo del ruiseñor se cumple en una unión entre cielo y tierra. Su sensibilidad se rompe en el sufrimiento y se desborda desde el borde del corazón. Su voz rompe el frío mármol de la existencia para transformarlo en un magma de luz en la oscuridad. Transforma la tristeza en pintura, las emociones se destacan con la muerte en la iluminación del momento final de la vida.

Combina el amanecer oriental con el atardecer occidental en el hilo del renacimiento, en una esfera inviolable que proviene de las aguas sagradas del Ganges. Son versos que vienen de lejos, de los lugares santos de Vietnam como el viento de los picos intocables, tan esquivos como el misterio de la vida. Son poemas fuertes y verdaderos que proviene del dolor insoportable del pueblo vietnamita, destruido por el infierno en la tierra, del suicidio colectivo de seres humanos inmersos en el fenómeno histórico Medea. El cielo rasgado atraviesa y atraviesa el corazón de su niño y se convierte en poesía, rasgado por la temporada de los monzones, por la muerte de sus compañeros en Vietnam. El agujero negro de la guerra absorbe la dimensión existencial del ser humano contemporáneo. Este dolor es de una ternura y una belleza indescriptibles. Su poesía entró en mi vida de una manera fuerte y esencial, como si el cielo lo hubiera querido. El límite entre muerte, vida, dolor se conjuga en la insondable belleza de la tristeza humana que sostiene a la muerte de la mano, que se evapora con fuerza infinita en la verdadera vida. Versos hermosos, misteriosos, vivos, capaces de unir el corazón, la mente y el espíritu. Saber morir a uno mismo es un signo de amor por la vida, algunos logran hacerlo. A veces uno puede temer al poder de la luz, la poesía puede cegar emociones fuertes, las alas del cielo son pesadas de soportar, como el dolor humano que se consume en silencio. Chi Trung vive esperando los ojos de la poesía, en el vacío, en el no ser, incluso cuando las formas esenciales del arte parecen descender al inframundo. Estos versos liberan al corazón de la posesión en una luz que no ciega, cavan un puente hacia los límites del infinito.

Su poesía se vuelve cielo en el viento y desciende a los ojos como un río que encierra el dolor en el Gólgota, en el mediodía de la soledad, en el silencio. Sus versos son una locura de amor que se convierten en un ruiseñor en un canto infinito. Como el sol que no muere se levantan los vientos del cielo. Entran en la mente como un mar tempestuoso. La muerte rompe el mármol dorado de la sombra que se funde en la inviolable llamada de la vida. Soledad traspasada de luz en el origen silencioso del infinito. El dolor se quema en un rayo inquieto, sin pretensiones y con las manos extendidas en el misterio. La muerte rompe sus ojos con el poder del sol. Los huesos de los muertos encuentran un hogar en el corazón donde la sangre gotea y la alegría inmortal está hecha de rosa, el dolor se lleva el dominio del tiempo.

El sol, aliado con la oscuridad, traspasa el delirio de mando del cielo que se anula en su poesía. Versos como de una realidad inmaterial, vive en la tristeza de la luz. A instancias del mediodía.

Como el viento, el dolor se convierte en un abrazo ávido de luz.

Como una libélula entre los prados, el corredor de la muerte se convierte en un horizonte, la poesía se convierte en rocío al sol. Sus ojos esperan la elegía bendita del día, cuando las hojas se aferren a las ramas nuevamente en un viento intemporal. Sabe jugar con las palabras en la filigrana de la vida, donde la llama se enciende. La noche se pone con la muerte en un dolor sentado al sol. Son versos que tienen un valor casi sagrado para mí, llenos de misterio.

Tienen el rostro de una belleza que nunca se satisface consigo misma, no es de este mundo. Son gemas preciosas, capaces de hacer caer lágrimas del cielo al corazón.

El misterio se revela a la materia en el viento, va más allá del puerto enterrado de Ungaretti. El secreto inagotable no se revela en una dimensión clásica en el descenso a los infiernos, difundido en la Eneida hasta la Comedia de Dante. La poesía de Chi Trung no es solo el cumplimiento de una iluminación inicial que nos permite revelar lo desconocido. El ser de Heidegger se revela a través del dolor universal en su dimensión inviolable, la lleva sin pretensiones, al mando de la luz, que reina en una dimensión fuerte en el ensayo de Leopardi. Sobre los errores populares de los antiguos y en el Petrolio de Pasolini. Levanta el velo del olvido más allá de toda posesión, perdiéndote en el viento, en la carne de la vida. El sacramento de la luz se hace sin dogma en su poesía inmortal, en su canto sin fronteras. La fe, la esperanza, la caridad de los versos de Dante se elevan en Chi Trung en la belleza inmaterial y en el soplo vital del viento que no cesa nunca. Donde su poesía se vuelve desconocida en un estandarte plantado en la eternidad.

Filomena Ciavarella

Traduzione in spagnolo di
Rocío Hervias Rodríguez

www.ingramcontent.com/pod-product-compliance
Ingram Content Group UK Ltd.
Pitfield, Milton Keynes, MK11 3LW, UK
UKHW021655190726
13853UKWH00001B/274